Ulla Holmquist Pachas

LES AVENTURES DE AI APAEC LE HÉROS MOCHICA

Illustrations

Maria Vittoria Fringuelli

LABORATORIOROSSO

Laboratoriorosso
www.laboratoriorosso.com

Les aventures de Ai Apaec,
le héros Mochica
par Ulla Holmquist Pachas
Illustrations Maria Vittoria Fringuelli

Première édition française 2022

Responsables de production Giulia De Dominicis, Maria Rita Goletti

Conception et mise en page Silvia Cruciani

Traductions Carole Fraresso

ISBN: 979-12-80914-00-2

Le début du voyage 5
L'entrée dans la mer 31
Les gardiens de l'océan 43
L'offrande sacrée 57
Mort et renaissance 65
La régénération du monde 81

LE DÉBUT DU VOYAGE

Entre mer et montagne,
vit un puissant serpent d'eau.
Son corps, plein de vie, parcourt
la verte vallée.

À ses côtés, poussent les plantes qui essayent d’embrasser le soleil. D’autres fruits cherchent à s’abriter dans la terre et poussent en son intérieur.

Dans la vallée fertile vit Ai Apaec, le héros mochica qui récolte les champs, accompagné de ses amis, le chien et le lézard.

Un jour, le soleil est apparu derrière la montagne. Il traversa le ciel au-dessus de la vallée et se dirigea vers la mer.

Sa lumière commençait à décliner sur cette terre.

Face à la menace de l'obscurité, Ai Apaec, le héros mochica, sait que le moment est venu : il doit entreprendre son voyage pour sauver le soleil des ténèbres.

Ai Apaec revêt sa couronne au visage du jaguar, son panache de plumes, ses boucles d'oreilles et sa ceinture de serpents qui lui permettront de connecter les différents mondes : le ciel, la terre et le monde souterrain.

Ses crocs et sa couronne au visage du félin représentent son pouvoir terrestre.

Les plumes sur sa couronne lui donnent le pouvoir de voyager dans le monde d'en haut comme les oiseaux. Ses boucles d'oreilles et sa ceinture en forme de serpents lui permettent d'entrer dans le monde d'en bas comme les reptiles.

Sa chemise ornée de dessins échelonnés lui permet de monter au ciel et de descendre dans le monde d'en bas.

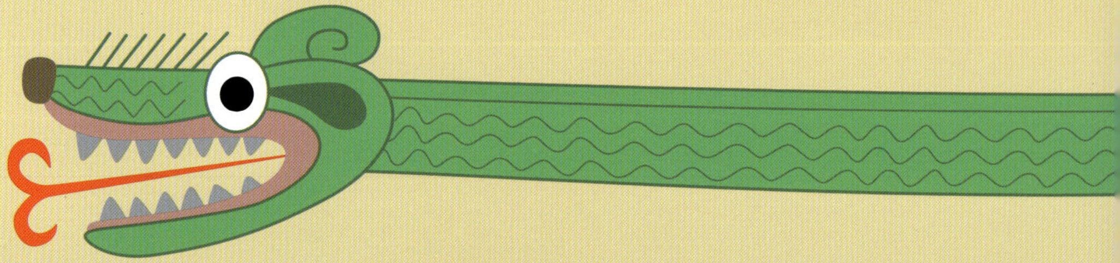

Ai Apaec décide alors de gravir la montagne pour se rapprocher du monde où vit le soleil. Accompagné de ses amis, le chien et le lézard, il commence son voyage sur le dos d'une buse rousse, volant vers le monde d'en haut. Ils doivent voler haut, très haut, comme le fait le soleil… et voir s'ils peuvent l'atteindre.

Ai Apaec transporte avec lui un trésor : les haricots noir et blanc sur lesquels les dieux ont écrit des formules magiques.

Il donnera ce trésor à ses adversaires en échange des pouvoirs et des compétences dont il a besoin pour sauver le soleil.

Tandis, qu'au loin, le soleil tombe lentement et s'enfonce de façon surprenante dans la mer en incendiant le ciel avant de disparaître, Ai Apaec et ses amis, qui suivent le soleil, atteignent la plage à la fin du jour.

Au crépuscule, ils doivent entrer dans l'obscurité du monde marin pour sauver le soleil et ramener la lumière sur cette terre.

Là, où l'écume blanche reflète
les étoiles, les gardiens de la mer,
silencieux et cachés sur le rivage,
attendent le héros…

L'ENTRÉE DANS LA MER

De sa tanière de sable sort le Crabe Géant, un écuyer marin qui garde l'entrée de l'océan avec son armure, brillante et robuste ; il rencontre Ai Apaec.

Le Crabe Géant connaît les mystères de la plage et il apprendra au héros comment marcher sur le sable et comment se nourrir dans la mer.

À l'issue de cette rencontre, Ai Apaec acquiert des jambes fortes et fermes qui lui permettent d'avancer dans la mer sans être emporté par les vagues. Il sait qu'un long voyage l'attends à travers le monde marin.

Sur le sable mouillé, Ai Apaec est surpris par la Grande Raie qui, sentant les pas du héros, est apparue furtivement pour annoncer de nouveaux dangers. Ai Apaec la capture en évitant qu'elle ne le pique, faisant échouer sa mission.

Après cette rencontre, le héros acquiert la ruse et le pouvoir de la raie qui lui permettent de se déplacer rapidement et furtivement dans la mer.

Sur la plage, la transformation du héros a commencé ; Ai Apaec est maintenant prêt à relever les nouveaux défis qui l’attendent dans la mer.

LES GARDIENS DE L'OCÉAN

Maintenant près des rochers, Ai Apaec rencontre l'Homme Oursin. Ce gardien de la mer est protégé par des épines pointues qui traversent sa chemise en forme de filet.

L'Homme Oursin porte un bijou de nez dont Ai Apaec a besoin : la *nariguera*, qui donnera à notre héros le pouvoir de plonger dans la mer sans se noyer.

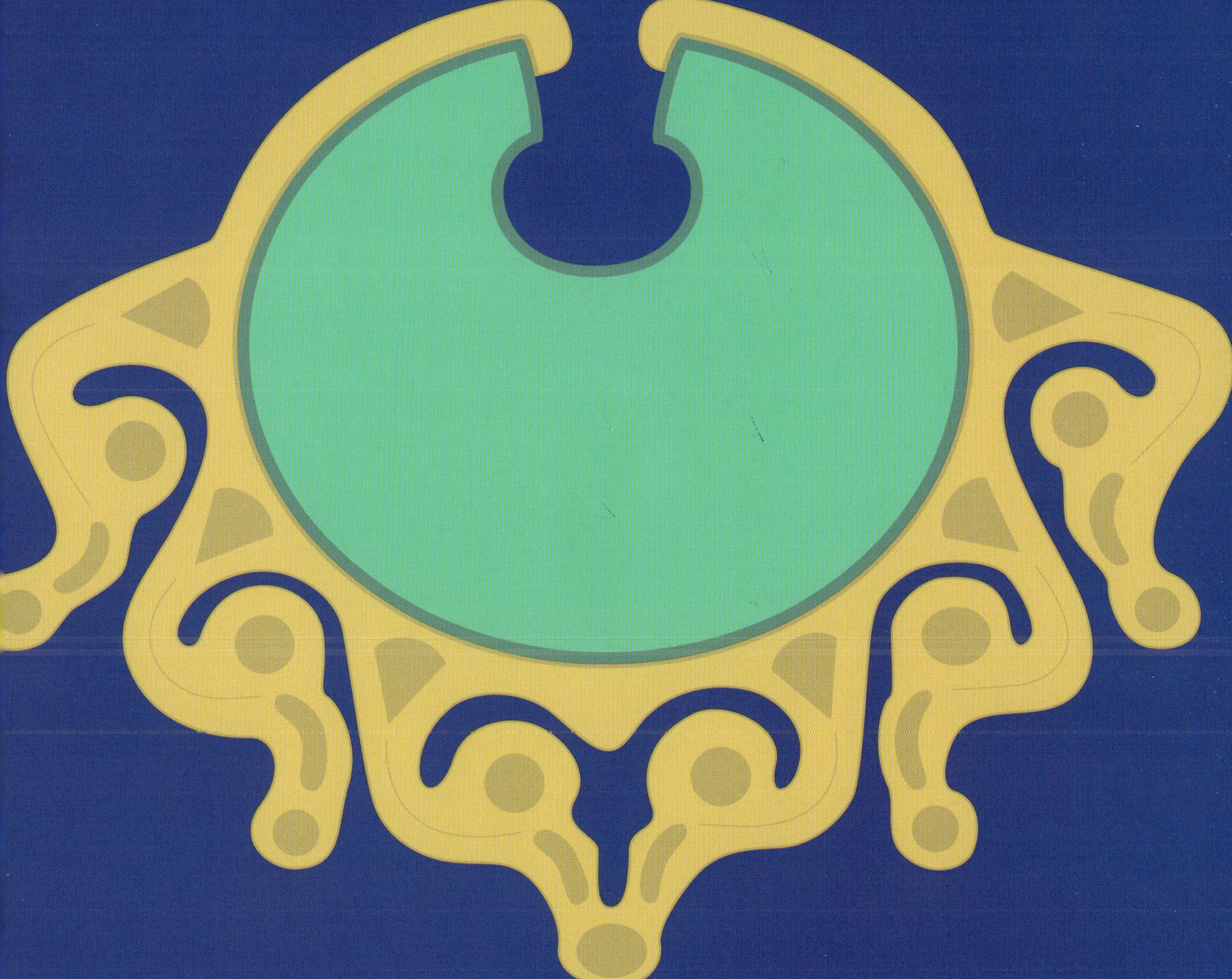

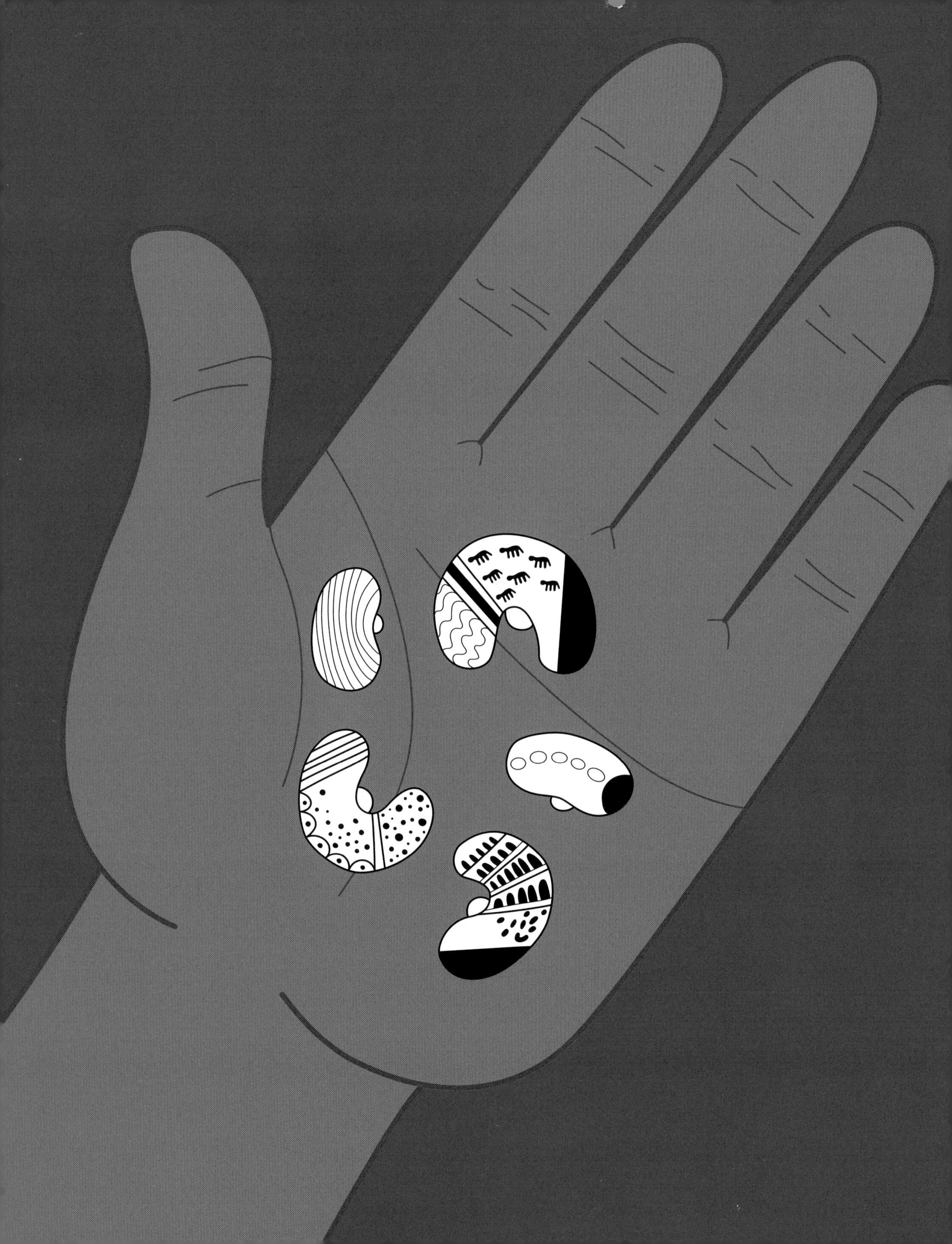

En échange, Ai Apaec lui donnera une poignée de ses beaux haricots noir et blanc, symboles d'abondance et de vie qui germe dans la terre ; cette vie que le héros doit récupérer en faisant revenir le soleil.

Après sa rencontre avec l'Homme Oursin, Ai Apaec se retrouve face à face avec l'Homme Poisson-Globe.

Ils s'affrontent et le héros obtient
la couronne aux pouvoirs du hibou ainsi
que des boucles d'oreilles étincelantes
qui lui permettront de voir dans les eaux
profondes, où il doit chercher le soleil
qui a disparu dans des abîmes inconnus.

Les rides sur le visage d'Ai Apaec
indiquent le passage du temps,
Le héros devient vieux…

L'OFFRANDE SACRÉE

Maintenant immergé dans l'océan, Ai Apaec rencontre l'Escargot Géant, un monstre marin à l'armure impénétrable. Le héros doit pénétrer dans le labyrinthe sombre de l'escargot qui est plein de mystères.

Dans un combat acharné, Ai Apaec le capture à l'aide de harpons et de javelots. Le corps en spirale de l'escargot marin porte le message du cycle de la vie, de la régénération de la nature.

Ai Apaec a obtenu une offrande importante, qu'il devra plus tard offrir au Dieu de la Montagne.

MORT ET RENAISSANCE

Dans ce monde très obscur, le héros affronte le puissant Démon des Ténèbres : un être nocturne et marin qui possède à la fois les attributs du lion des mers, de la raie et du requin.

Ils s'affrontent dans une rude bataille. Le Démon de l'Obscurité réussit à attraper la tête d'Ai Apaec et le décapite avec un grand couteau. Le héros est mort.

Le visage cadavérique d'Ai Apaec indique que le héros a quitté le monde des vivants et qu'il appartient désormais au monde des morts.

Faible et vulnérable, le héros descend par une échelle dans le monde d'en bas.

Mais son dévouement et son courage sont récompensés par la venue des messagers du monde d'en haut : les oiseaux.
Un fou varié et une buse l'emmènent dans les îles, où vivent les ancêtres.

Là, la Chamane-Chouette, aidée par les araignées, le sauve de la mort. Elles le guérissent en le tissant à nouveau avec les fils magiques de la vie.

Le héros va alors à la rencontre de la Terre-Mère, avec qui il s'unit en promesse de régénération ; de cette union naît l'arbre de la vie.

Ai Apaec, à son tour, germe et grandit comme un piment qui a le pouvoir de réchauffer et de guérir à la fois.

Ai Apaec germe et grandit aussi comme le maïs qui, fermenté, devient de la *chicha*. C'est la boisson préférée des dieux : une boisson qui les stimule, les réconforte et avec laquelle ils célèbrent les fêtes.

LA RÉGÉNÉRATION DU MONDE

Dans le monde intérieur,
Ai Apaec a réussi à retrouver et à sauver le soleil. Le héros, revitalisé et tout-puissant, l'aide à monter l'escalier tissé par les araignées, qui sont les éternelles tisserandes du temps.

Ai Apaec, le héros mochica, a accompli sa grande tâche : il a sauvé le soleil de l'obscurité. Il a réussi à vaincre les dangers et maintenant, transformé par ce long voyage, il entreprend le chemin du retour. Et le soleil, doré et brillant, illumine à nouveau la terre.

Ai Apaec rapporte avec lui l'importante offrande de l'escargot marin. Le héros et ses fidèles amis, le chien et le lézard, avancent en procession jusqu'au temple du Dieu de la Montagne.

Celui-ci les reçoit entouré de curieuses offrandes données par des prêtres et des seigneurs : des Vases-Portraits, qui sont de puissantes têtes chargées de vie, animées par l'eau qu'elles contiennent à l'intérieur.

Là, dans le temple, le Dieu reçoit l'offrande d'Ai Apaec et lui assure que l'eau descendra des montagnes pour irriguer les champs en temps voulu. Désormais la communauté peut continuer à vivre en semant et cultivant la terre.

Et à chaque nouveau soleil, Ai Apaec, vêtu de sa chemise héroïque, se réunit avec les futurs héros pour décrypter ensemble les messages des dieux qui sont peints sur les précieux haricots.

Il racontera ses exploits aux générations suivantes qui continueront à cultiver la terre et à remercier leurs divinités pour la présence de la chaleur et de l'éclat du soleil, et la venue des eaux.

Un autre tour en spirale s'est achevé, le cycle de la vie peut continuer.

PÉROU

CÔTE

MONTAGNES

FORÊT AMAZONIENNE

SITES ARCHÉOLOGIQUES

COLOMBIE
ÉQUATEUR
BRÉSIL
SIPAN
CHAN CHAN
TRUJILLO
HUACA DE LA LUNA
CHAVIN DE HUANTAR
CARAL
LIMA
PACHACAMAC
MACHU PICCHU
HUARI
CUSCO
LIGNES DE NASCA
BOLIVIE
CHILI

Imprimé et relié par
EBS Editoriale Bortolazzi – Stei
Vérone, Italie